eu em mim

PRÁTICAS INTEGRATIVAS
E COMPLEMENTARES PARA
UMA VIDA PLENA

Catalogação na Fonte
Elaborado por: Josefina A. S. Guedes
Bibliotecária CRB 9/870

L979e
2019
Luz, Ramona
Eu em mim: práticas integrativas e complementares para uma vida plena / Ramona Luz. - 1. ed. - Curitiba: Appris, 2019.
69 p. ; 21 cm

Inclui bibliografias
ISBN 978-85-473-2799-6

1. Técnicas de autoajuda. 2. Meditação. 3. Cuidados pessoais com a saúde. I. Título.

CDD – 158.1

Livro de acordo com a normalização técnica da ABNT

Editora e Livraria Appris Ltda.
Av. Manoel Ribas, 2265 – Mercês
Curitiba/PR – CEP: 80810-002
Tel: (41) 3156 – 4731
www.editoraappris.com.br

Printed in Brazil
Impresso no Brasil

Ramona Luz

eu em mim

PRÁTICAS INTEGRATIVAS
E COMPLEMENTARES PARA
UMA VIDA PLENA

Appris
editora

Editora Appris Ltda.
1.ª Edição – Copyright© 2019 do autor
Direitos de Edição Reservados à Editora Appris Ltda.

Nenhuma parte desta obra poderá ser utilizada indevidamente, sem estar de acordo com a Lei n° 9.610/98. Se incorreções forem encontradas, serão de exclusiva responsabilidade de seus organizadores. Foi realizado o Depósito Legal na Fundação Biblioteca Nacional, de acordo com as Leis nos 10.994, de 14/12/2004, e 12.192, de 14/01/2010.

FICHA TÉCNICA

EDITORIAL	Augusto V. de A. Coelho
	Marli Caetano
	Sara C. de Andrade Coelho
COMITÊ EDITORIAL	Andréa Barbosa Gouveia (UFPR)
	Jacques de Lima Ferreira (UP)
	Marilda Aparecida Behrens (PUCPR)
	Ana El Achkar (UNIVERSO/RJ)
	Conrado Moreira Mendes (PUC-MG)
	Eliete Correia dos Santos (UEPB)
	Fabiano Santos (UERJ/IESP)
	Francinete Fernandes de Sousa (UEPB)
	Francisco Carlos Duarte (PUCPR)
	Francisco de Assis (Fiam-Faam, SP, Brasil)
	Juliana Reichert Assunção Tonelli (UEL)
	Maria Aparecida Barbosa (USP)
	Maria Helena Zamora (PUC-Rio)
	Maria Margarida de Andrade (Umack)
	Roque Ismael da Costa Güllich (UFFS)
	Toni Reis (UFPR)
	Valdomiro de Oliveira (UFPR)
	Valério Brusamolin (IFPR)
PRODUÇÃO EDITORIAL	Lucas Andrade
ASSISTÊNCIA DE EDIÇÃO	Suzana vd Tempel
DIAGRAMAÇÃO	Thamires Santos
CAPA	Eneo Lage
COMUNICAÇÃO	Carlos Eduardo Pereira
	Débora Nazário
	Karla Pipolo Olegário
LIVRARIAS E EVENTOS	Estevão Misael
GERÊNCIA DE FINANÇAS	Selma Maria Fernandes do Valle

Aos meus maiores mestres de vida, mãe, pai, meus filhos e ao meu esposo, Rivadávio, por todo apoio amoroso aos meus sonhos.

Agradecimento

Agradeço ao criador de tudo o que é!

PREFÁCIO

Vivi anos suprimindo minha natureza. Anos em uma luta interna sobre seguir ou não os padrões sociais. Anos me culpando por pensar, sentir e ver diferente da maioria.

O medo de não ser amado e aceito como somos, nos leva a construir um personagem. Vamos vestindo máscaras que nos distanciam do nosso verdadeiro Eu. O resultado dessa guerra interior foram somatizações diversas no meu corpo: gastrite, dermatites, transtorno de ansiedade, síndrome do pânico... Alertas que meu corpo dava para me mostrar que eu precisava "voltar pra casa". O corpo reclamava do peso das tantas camadas de "maquiagem" que eu usava para manter esse personagem social admirado por todos.

Ser amada e admirada por aquilo que NÃO SE É fazia sentir-me inferior, carente e vazia. Sentimentos que me levavam a fazer escolhas "pouco sábias" no decorrer da vida e que nunca preenchiam esse vazio. Numa dessas escolhas magoei quem amo, mas antes de qualquer coisa, me magoei muito mais. Feri minha essência, que me gritou uma série de questionamentos: "o que leva você a fazer isso?", "o que faz você feliz?", "quem é você?".

Esse chacoalhão da vida me mostrou que eu estava sendo chamada a olhar de modo mais atento para essas e outras questões.

Eu sabia que a paz, o equilíbrio, a liberdade e a felicidade que eu tanto buscava, só seriam alcançadas quando eu reencontrasse meu EU EM MIM. Eu já sabia o que fazer. Falta o "como". Em meio à dor e reflexão, pedi ao meu ser mais profundo que me abrisse às portas do autoconhecimento.

Devagar aos meus olhos, mas no ritmo ideal para minha evolução, o Universo foi me mostrando o que fazer e, numa sincronicidade perfeita, o meu caminho cruzou com o de Ramona. Desde então, com sua luz e práticas integrativas, ela tem ajudado muito a me reconectar com o meu Eu, a me abrir para ouvir o comando do meu coração, a caminhar rumo à consciência do propósito da minha alma.

Neste livro, ao apresentar algumas técnicas, filosofias e metodologias, ela sugere um caminho a ser seguido para você se reencontrar. Ramona divide a experiência pessoal dela e propõe um passo-a-passo, um espécie de guia prático, um mapa do tesouro para facilitar a sua busca pelo seu Eu em você. Sem o caráter de autoajuda, ela te expõe ferramentas e te deixa livre para escolher qual a mais adequada para encontrar sua estrada de volta pra casa.

Nas aulas de yoga, meditação, nas sessões de terapias complementares e na troca de energia e conhecimento, Ramona tem me relembrado de que por baixo de todas as minhas camadas eu sou amor e que viver o amor é, em última análise, o nosso propósito universal. E, com amor, recomendo esta leitura e desejo que você se permita absorver todo amor, energia e informação contidos neste livro.

In Lak'ech Ala k'in*!

Ariane Viana

(*) *"In Lak'ech" é uma saudação maia que significa:*
"Eu sou você e você sou eu.
O que você faz aos outros, você faz a você.
Como você ajuda os outros, é como você se ajuda.
Quando você ajuda os outros, é quando você se ajuda.
Nós estamos todos conectados debaixo do Sol."

APRESENTAÇÃO

Peço permissão para compartilhar contigo um pouco da minha história, do uso dessas práticas, de como elas foram importantes para que eu me reconectasse com minha essência e da metodologia que desenvolvi para ajudar o máximo de pessoas que me for permitido nesta vida. Peço que você se permita perceber, sentir, ouvir, perdoar e acolher seu eu em você, assim como achei o meu EU EM MIM.

Sou Ramona Fernandes Luz, e por muito tempo não me senti Ramona. Por muitos anos não me entendi. Me sentia deslocada, fora deste mundo. Eu tinha muitos sentimentos de rejeição, medos, não sabia fazer boas escolhas e muito menos sabia o que queria da vida. Gostava de poucas coisas, mas tinha um senso de espiritualidade desde pequena.

Já adulta, um tempo depois do nascimento do meu segundo filho, me vi totalmente perdida, hormônios alterados, triste, e percebi que algo estava muito errado. Eu estava com depressão pós parto e durante as crises eu chegava a questionar se essa vida valeria a pena. Não sabia de onde vinham aquelas dores, mas sabia que eram minhas e que eu deveria fazer algo. No entanto, me faltavam forças. Comecei a fazer terapia com uma psicóloga (atitude que indico bastante) pela primeira vez em minha vida e ela me levou a questionar várias coisas. Comecei a pensar mais em mim e um ano depois tive alta, voltei a trabalhar e estudar, mas... Sentia que faltava algo.

Sempre busquei nas profissões uma estabilidade emocional. Estranho, não é? Mas eu ainda não me conhecia, não sabia bem quais sentimentos guardados me faziam ter reações assim. Me formei como cozinheira, fui trabalhar em restaurantes e dois anos depois eu estava em um pico de estresse alto demais. Cortisol quatro vezes mais elevado do que seria normal para uma mulher de 30 anos. Parei tudo e, mais uma vez, busquei socorro.

A ajuda veio por meio de um cliente muito querido. Eu fazia jantares para a família dele. Sempre conversávamos muito sobre a vida. Ele, já idoso, compartilhava comigo muitos conhecimentos e me indicou uma psiquiatra que foi mais do que isso, foi um anjo, uma ponte do processo. Ela me tratou usando remédios fitoterápicos e, pra minha surpresa, só indicou yoga. Quantas vezes fosse possível fazer durante a semana. Ao longo da prática fui monitorada pela psiquiatra, pois o yoga mexe muito com a gente, faz a gente descobrir coisas muito profundas. Não sei se você já sentiu um vazio te percorrer, ou uma ansiedade extrema ou em doses homeopáticas, pensamentos compulsivos, tristeza... já sentiu? Eu já. Muitas vezes. Mesmo ao longo do tempo em que fazia yoga, mas isso foi se tornando algo menos recorrente e foi ficando mais leve.

Tive ajuda de amigos. Nunca abandone seus amigos (aceitem as pessoas como são, com seus defeitos e qualidades, você também tem vários defeito e qualidades, vamos respeitar as diferenças). Dentre eles tive uma que é como uma mãe, a Vani Aguirres. Ela é astróloga e sempre frequentei a casa dela desde tenra idade. Ela me auxiliou muito explicando meus aspectos e ajudando a me acalmar. Descobrimos muitas orações juntas, muitas terapias, e entre elas estava o Ho'oponopono. Imediatamente me apeguei a essa oração que compartilho com você aqui no livro, fazia todos os dias e fiz durante um ano sem parar. Foi fácil? Não! Aconteceram muitas limpezas emocionais. Eu tinha que perdoar muito, e me perdoar o dobro. Sabe, perdão nunca é demais?! E tive que aprender o principal: a agradecer de verdade. Isso mudou tudo.

Sempre li muito, quase compulsivamente, livros de auto ajuda, espiritualidade, física quântica e tantos outros assuntos. Tive um blog no qual sempre compartilhava. Comecei com a Louise Hay, com o livro "VOCÊ PODE CURAR SUA VIDA", realmente eu vi que podia, sim. Entre tantos outros do Deepak Chopra, Laércio Fonseca,

Hélio Couto li todos os livros, do Amit Goswami (PHD em Física), Carl Jung... estiveram entre os autores que me auxiliaram. Com os ensinamentos da Louise Hay, Professor Laércio Fonseca, Professor Hélio couto, minhas mestres em yoga, meus mestres em casa (filhos, mãe, pai, irmão e marido, que são todos mestres, sempre ensinam algo) eu fui serenando. Não estou dizendo que você tem que fazer o mesmo caminho, não. Cada ser humano tem o seu e deve viver suas experiências por si mesmo, mas as histórias de várias pessoas me influenciaram muito.

Na prática de yoga os Livros do Professor Hermógenes, o "Yoga para Nervosos" e "Autoperfeição com Hatha Yoga" sobre saúde mental, antes da saúde corporal, foram fundamentais e me deram a chance de observar que essas terapias poderiam ser levadas ao maior número de pessoas.

Decidi fazer o curso de Reiki, já encantada por receber essa energia de cura. Percebi também que era a hora de retribuir essa energia e foram dois anos de estudo até o mestrado em Reiki Usui Tibetano. Nesses dois anos aprendi a doar energia, mas aprendi também a me curar em aspectos físicos e emocionais. Aplicava em mim, nos amigo, na família, e à distância. O Reiki é uma energia de cura universal. Não está ligada a nenhuma religião. É aceita pela Organização Mundial de Saúde (OMS) como uma terapia integrativa, que auxilia na cura de pacientes. O Reiki me abriu portas de amor e encontro com pessoas muito evoluídas, médicos, espiritualistas que acreditam na cura da alma também. Que corpo e alma são um só. Curei-me do estômago com o Reiki e despertei para uma nova mudança de pensamentos.

Dois anos depois decidi fazer o Curso de Formação em Yoga. Já praticava desde 2012 e em outubro de 2015, vendo os resultados em mim, me senti chamada a compartilhar os benefícios da prática. Comecei a dar aulas e reuni nelas todos esses conhecimentos adquiridos até então. Minha aula de yoga tem muito do uso de reiki, uso dos conhecimentos da aromaterapia com os óleos essenciais, autocuidado de como se amar e zelar pela saúde mental e corporal. Mas a realidade é que sempre aprendo muito mais do que ensino.

A autora

EU EM MIM

Todo esse percurso me levou à conscientização de que sou criadora da minha vida. Sou a única responsável pela vida que tenho. Perdoei e continuo perdoando minha criança interior, acolhendo e amando a mim mesma antes de tudo. Eu só posso dar amor se eu tiver amor pra dar. "Eu só dou aquilo que tenho". Conhece essa frase? Pois é, como exigir de alguém aquilo que nem eu tenho por mim? Já pensou nisso? Por isso é tão importante você se conhecer, se amar. E isso tudo é pra você mesmo, só pra você. Não negue o divino que há dentro de você e dentro do outro. Você só é amor e não pode ser outra coisa. Amor é tudo que existe.

Entendi que precisamos aprender a viver todas as emoções, sejam elas boas ou não. Não digo passar o dia imerso na tristeza, mas viver a tristeza naquele momento e entender o porquê dela estar se apresentando. Para iluminar a sombra é preciso olhar pra ela. Se eu estou triste, não finjo que estou alegre e vice versa, mas também não passo o dia triste, entende? Eu procuro aceitar as emoções e não me revoltar contra elas. Tudo tem algo pra ensinar, tente perceber as lições, treine.

Sugiro que você comece perdoando e agradecendo. Lembra do Ho'ponopono? É aqui que ele entra! Perdoe a si mesmo, e depois perdoe seus pais, seus avós, seus antepassados, compreendendo que eles só te deram aquilo que podiam e que sabiam dar no momento. Se você compreender isso será libertador. Pode acreditar! Perdoe e você vai ter relacionamentos mais verdadeiros, com laços mais fortes. Os nossos medos não nos deixam ir adiante nos relacionamentos, sejam eles quais forem.

Foi assim, que consegui dar a volta por cima. Foi assim que fui abrindo um caminho para voltar ao meu eu. Não estou dizendo que você tem que fazer o mesmo caminho, não. Cada ser humano tem o seu e deve viver suas experiências por si mesmo, mas as histórias de várias pessoas me influenciaram muito. Acredito que a experiência de vida enriquece o ser humano e creio que por isso estamos aqui.

Quer aprender uma fórmula? Não tem receita! Não é mágica, ok? Não vai ser num estalar de dedos. Precisamos dar o primeiro passo e deixar fluir.

Sugiro que você acompanhe capitulo por capitulo do seu jeito, crie a sua formula, como for melhor pra você, mas tenha constância, persevere, pare de se sabotar, crie seu caminho para sua evolução. Lembre que:

"a única coisa que nunca muda, é que tudo muda" (BUDA)

E que as mudanças sejam bem vindas, permita-se, abra-se ao novo, deixe a luz iluminar o começo da estrada, seja feliz em suas experiências de vida.

Ramona Fernandes Luz

SUMÁRIO

O que são Práticas Integrativas e Complementares............ 19

Exercícios.. 25

Ho´oponopono – O passo seguinte: Perdoar!...................... 41

O que é Yoga... 47

A sua jornada começa e você pode utilizar
as Práticas Integrativas... 57

Seu eu em você... 65

Você pode me encontrar na internet 67

Referências 69

O que são práticas integrativas e complementares

As Práticas integrativas e complementares são terapias, muitas oriundas da medicina oriental que auxiliam na prevenção e nos tratamentos de doenças, físicas, mentais e emocionais, complementando esses tratamentos na área da saúde, com o objetivo de tratar o individuo holisticamente, como um todo.

Visando atender a crescente demanda da população brasileira, além da necessidade de se produzir uma normatização relacionada às experiências existente no Sistema Único de Saúde (SUS), o Ministério da Saúde aprovou a Política Nacional de Práticas Integrativas e Complementares (PNPIC), contemplando as áreas de homeopatia, plantas medicinais e fitoterapia, medicina tradicional chinesa/acupuntura, medicina antroposófica e termalismo social – crenoterapia, promovendo a institucionalização destas práticas no Sistema Único de Saúde (SUS).

Essa implementação ocorreu por meio da realização das Conferências Nacionais de Saúde, como também das recomendações da Organização Mundial da Saúde (OMS) aos Estados membros para formulação de políticas visando à integração de sistemas médicos complexos e recursos terapêuticos (também chamados de Medicina Tradicional e Complementar/Alternativa MT/MCA ou Práticas Integrativas e Complementares) aos Sistemas Oficiais de Saúde.

No Brasil, já no ano de 1986 durante a 8ª Conferência Nacional de Saúde (CNS), em seu relatório final foi recomendado o uso das práticas alternativas na assistência à saúde nos serviços, e em 1988 por meio do Princípio da Integralidade contido na Constituição Federal, há o reforço para que a assistência à saúde seja de forma integral, observando o indivíduo no seu contexto social, acolhimento e resolubilidade. Além disso, a Lei nº 8080 de 1990, em seu artigo 3º, diz que as ações de saúde se destinam para garantir as condições de bem-estar físico, social e mental do indivíduo e coletividade (BRASIL, 1986; 1988; 1990).

Em 2006, surge a Portaria nº 971/GM, a qual aprova a Política Nacional de Práticas Integrativas e Complementares no SUS (PNPIC). A PNPIC recomenda o uso da MTC trazendo como objetivos, entre outros, a ênfase na atenção primária e o aumento da resolubilidade e ampliação do acesso às Práticas Integrativas e Complementares em Saúde (PICS).

Atualmente, a Portaria nº 849/GM de 2017 inclui o uso da arteterapia, medicina ayurveda, biodança, dança circular, meditação, musicoterapia, naturopatia, dança circular, meditação, osteopatia, quiropraxia, reflexoterapia, shantala, terapia comunitária integrativa yoga e reiki à PNPIC (BRASIL, 2017).

Esse livro traz uma abordagem das práticas do Reiki, Yoga, Meditação, Arteterapia, entre outras.

Aqui um breve resumo sobre o Reiki nesse texto retirado do artigo: http://www.editorarealize.com.br/revistas/congrepics/resumo.php?idtrabalho=39

O Reiki, tendo sido incluído à PNPIC em 2017, constitui uma modalidade de terapia alternativa que objetiva o processo de cura mediante a imposição das mãos, utilizado para o tratamento do corpo físico, mas abrangendo também os campos mais sutis, trazendo benefícios às áreas mental, emocional e espiritual, transcendendo assim a materialidade e agindo profundamente não somente nos sintomas, mas na causa destes (SADER, 2012).

Para se compreender o que é Reiki, tem que se compreender que tudo é energia. Em uma pessoa sadia, a energia vital passa livremente pelo corpo físico, fluindo pelos chacras, que são os "caminhos" percorridos pela energia. Essa força energética nutre nossos órgãos e células e regula as funções vitais (DE'CARLI, 2014). Como qualquer outra Terapia Complementar, o Reiki não substitui a medicina tradicional, mas sim a complementa, tendo em vista que atua em níveis não alcançados pela primeira. Por ser um tratamento não farmacológico, simples, barato e sem contraindicações, essa terapia vem se mostrando uma alternativa segura e eficaz na promoção do bem estar. Assim, o presente estudo objetiva investigar a produção científica no que tange à utilização e eficácia do Reiki na promoção do bem estar.

O yoga entra nas práticas por seus diversos benefícios comprovados:

Na lista divulgada pelo American College of Sports and Medicine com as Top 20 tendências fitness para 2019, a yoga o sétimo lugar. Com o dia a dia cada vez mais frenético, muitas pessoas passaram a procurar práticas que não se limitem ao corpo, e sim, sirvam como uma ferramenta para estabelecer o equilíbrio interior. Só no EUA são mais de 40 milhões de adeptos a essa prática milenar, embora não haja dados sobre a abrangência da prática no Brasil, não precisa ir muito longe para perceber o crescimento cada vez maior da yoga, ou como também podemos chamar, ioga (Como é a forma mais usual da palavra no inglês, que é a língua mais falada internacionalmente, a grafia YOGA se tornou a predominante no mundo, sendo adotada até mesmo na Índia, entretanto, a palavra IOGA também é correta). A palavra origina-se da língua sânscrita e é derivada da raiz *yuj*, que significa "União", "jungir", "Religar", "integrar", "juntar".

O crescimento da prática da Yoga está relacionado aos seus benefícios para a saúde, pois promove total integração entre corpo e mente. A yoga nasceu na Índia, sendo sua origem datada por textos em sânscrito originados a mais de 5 mil anos, é conhecida como uma prática que engloba os campos espiritual, físico, ético, moral, mental e meditativo.

Quem já observou um praticante realizar as posturas do yoga, ou asanas, foi contemplado muitas vezes por belas imagens que refletem a plasticidade e flexibilidade corporal, entretanto a exibição da imagem é o que menos importa para o yogi (praticante de yoga), Para o verdadeiro praticante do yoga o objetivo é autoconhecimento, quando se realiza as asanas, o yogi está em total observação para si próprio, no que está fazendo e como está fazendo. A prática é para si mesmo, é o seu momento com o que existe de mais valioso: você!

A yoga promove o desenvolvimento de várias habilidades físicas, como força, equilíbrio e flexibilidade, além do controle respiratório. Só isso já bastava para estimular os praticantes, entretanto, pesquisas da Universidade de Boston nos EUA, viram que a yoga reduz significativamente os efeitos da depressão. O experimento foi realizado com 30 participantes divididos em 2 grupos: no primeiro havia a prática de yoga duas vezes por semana, com duração de cerca de 90 minutos por sessão, e também havia treinos em casa. Após três meses de intervenção, o segundo grupo mostrou ganhos adicionais em disposição e humor. Quando comparados com o primeiro grupo, que apesar de ter menor periodicidade também rendeu ótimos frutos.

Outro significado para a palavra yoga é "atingir o que antes era inatingível" esse pensamento quer dizer é, que algo que desejamos e não somos capazes de fazer hoje, quando encontramos meios para transformar esse desejo em ação, ele acontece e esse meio é o yoga, na realidade toda mudança é yoga, desde reaprender a respirar, ou ir se conhecendo por meio de sensações obtidas em um relaxamento corporal é yoga. A verdadeira prática do yoga leva cada um para um caminho ou direção diferente, porque cada individuo é único em suas experiências.

Vamos listar alguns dos motivos que farão você começar a praticar yoga já:

1 O YOGA NOS LEVA A UM ESTADO DE HARMONIA, PAZ E SERENIDADE, NECESSÁRIOS PARA UMA BOA SAÚDE.

2 O PRANAYAMA, TÉCNICA DO YOGA QUE PROMOVE O CONTROLE DA RESPIRAÇÃO, MELHORA DOENÇAS E PROBLEMAS RESPIRATÓRIOS E SERVE COMO UMA BASE MEDITATIVA DE ATENÇÃO PLENA.

3 COMO A PRÁTICA ENVOLVE AS MEDITAÇÕES, ENTRAMOS EM CONTATO COM O NOSSO INTERIOR, DIMINUINDO A ANSIEDADE, APRENDENDO A CONTROLAR OS PENSAMENTOS VOCÊ TAMBÉM DIMINUI O FLUXO DE ESTÍMULOS NEURAIS ALIVIANDO ASSIM A MENTE E DIMINUINDO O EIXO DO ESTRESSE, POIS MEDITAR NÃO É TER A MENTE VAZIA, É ESTAR NO PRESENTE FOCANDO EM ALGO, COMO POR EXEMPLO: O FLUXO DA SUA PRÓPRIA RESPIRAÇÃO, NO ASANA POR ALGUNS INSTANTES, ISSO TRAZ FOCO E FOCO TRAZ PRESENÇA E A PRESENÇA TIRA SUA MENTE DO PASSADO (ESTADO DEPRESSIVO) E DO FUTURO (ESTADO ANSIOSO) TE TRAZENDO PARA O MOMENTO DO AGORA.

4

Pesquisas relacionam a yoga com a melhora do sono, concentração e bem estar. Devido ao relaxamento profundo físico e mental, o cortisol (hormônio ligado ao estresse) vai entrando em equilíbrio quando desenvolvemos uma prática contínua, e esse equilíbrio se dá pela diminuição do estresse, Causando um maior bem estar físico e mental.

Mas não adianta iniciar hoje e achar que amanhã mesmo todos os benefícios estarão batendo a sua porta. A melhor forma de se obter os resultados positivos é a continuidade. São muitos os "estilos" de yoga que podemos encontrar, mas todos derivam do yoga que é formado por 8 principais partes que tem base no estudo da filosofia dos Sutras de "Patanjali" (decodificador do yoga) que leva ao conhecimento de si, que tem concentração, exercícios de respiração, alongamentos, as posturas ou asanas, relaxamento e meditação onde a união de tudo isso possa te levar ao "Nirvana" ou em outras palavras, a Iluminação (nada mais que o despertar como um Ser completo que já é), diante disto qualquer pessoa está apta para a prática do Yoga, em verdade o Yoga deve se adaptar ao indivíduo e não o contrário. Faça de você o seu melhor investimento a longo prazo. Seja praticando yoga ou qualquer outra atividade que lhe faça bem, se ame, se cuide e descubra todas as possibilidades que existem em você.

Namastê!

Exercícios

Em minha opinião, dentre as muitas práticas complementares que existem, o Reiki e o Yoga são as que mais abrangem exercícios terapêuticos e se complementam. Devido às respostas a esse meu trabalho nessa área, vamos iniciar com a parte dos exercícios de respiração e concentração onde você vai começar a entender colocando em prática todos esses benefícios.

EXERCÍCIO 1

VAMOS REAPRENDER A RESPIRAR?

Respirar é primordial nos nossos dias. Já observou que você não sabe quando respira e o quanto a respiração é importante até que tome um susto, ou que te falte o ar quando se apaixona?

A vida é uma respiração completa. Perceba: você nasce num inalar que enche todo seu peito de ar. Então você está desperto. Você morre no último suspiro, seu último respirar. E para a vida ser mais longa, mais saudável e mais leve o melhor a se fazer é reaprender a respirar.

Aqui seguem alguns exercícios que vão, acalmar sua mente, sua ansiedade, seu estresse. Te fazer concentrar e meditar em si. Sim! Respirar consciente é meditar!

Respiração Alternada

COMO FAZER

Uma ótima técnica de respiração que ajuda a manter a mente calma, alegre e em paz. Poucos minutos de Nadi Shodan Pranayama por dia é ótimo para desestressar a mente, liberar a tensão acumulada e a fadiga. Essa técnica de respiração ajuda a limpar os canais de energia bloqueados no corpo, que por sua vez acalmam a mente.

(nadi = canal de energia sutil; shodan = limpeza, purificação; pranayama = técnica de respiração)

Como fazer a respiração das narinas alternadas (Nadi Shodhan Pranayama):

Sente-se confortavelmente com sua coluna ereta e os ombros relaxados. Mantenha um sorriso gentil no seu rosto.

Repouse sua mão esquerda no seu joelho esquerdo, palma aberta em direção ao céu ou em Chin Mudra (polegar e dedo indicador tocando as pontas suavemente)

Posicione a ponta dos seus dedos indicador e dedo do meio da mão direita no meio das sobrancelhas, os dedos anelar e mínimo na narina esquerda, e o polegar na narina direita. Nós iremos usar os dedos anelar e mínimo para abrir e fechar a narina esquerda, e o polegar para abrir e fechar a narina direita.

Aperte a narina direita com seu polegar para fechá-la, e expire gentilmente pela narina esquerda.

Agora inspire pela narina esquerda, e então pressione gentilmente essa narina esquerda com os dedos anelar e mínimo. Remova o polegar direito da narina direita, e expire pela direita.

Inspire pela narina direita e expire pela esquerda. Voce agora completou uma ronda do Nadi Shodhan pranayama. Continue inalando e exalando com as narinas alternadas.

Complete 9 rondas alternando as respirações em ambas as narinas. Após cada expiração, se lembre de inspirar pela mesma narina que você expirou.

Mantenha seus olhos fechados por toda a prática e continue tomando longas, profundas e suaves respirações sem nenhum esforço ou força.

Nadi Shodhan pranayama ajuda a relaxar a mente e prepará-la para entrar em estado meditativo, portanto é uma boa ideia fazer uma meditação curta após o Nadi Shodhan.

Respirar é viver!

Tudo nessa vida tem começo, meio e fim, não é verdade?

"Antes de você querer caminhar sobre as estrelas você precisa aprender a caminhar sobre a Terra."

Laércio Fonseca

EXERCÍCIO 2

ACALME-SE

Permita-se acalmar, serenar a mente e o corpo antes de tudo.

Sugiro que você faça esse exercício em dupla, ou grave a leitura do texto desse exercício no seu celular, com sua própria voz. O seu cérebro vai responder mais rápido se o comandante for você!

> Sente-se confortavelmente, mantenha sua coluna ereta. Feche seus olhos. Lembre-se: não vamos dormir, vamos acalmar! Por um minuto apenas respire. Respire profunda e lentamente, uma vez... mais uma vez... e mais uma vez. Soltando todo ar na exalação. Isso, continue respirando. Agora de maneira mais suave vá interiorizando mais. Serenando seus pensamentos e emoções, serenando a mente, respirando calma e lentamente... Respire suave, trazendo sua atenção ao seu centro, para o seu peito, trazendo atenção ao seu coração. Observe o caminho que sua respiração faz, entrando e saindo do seu corpo, por onde ela passa e por onde ela sai... Calmamente coloque sua mão em seu peito, em seu coração, observe então os batimentos do seu coração, observe... Sinta, perceba! Seu coração está batendo, você está vivo, que maravilha! Isso é maravilhoso! Você está vivo, seu coração bate, que alegria! Respire lentamente, lembre, de estar respirando, percebendo seus pensamentos sem se apegar a nenhum deles. Observando o caminho que o ar faz ao percorrer seu corpo entrando e saindo lentamente, e devagar. Quando quiser, vá abrindo seus olhos, sem pressa, apenas sorria e agradeça por estar vivo e poder respirar.

Agora perceba as sensações que o exercício te trouxe. Que sentimento e emoções você pode descrever? Se quiser pode escrever, sem julgar a si mesmo. Sinta tudo, o bom e o não tão bom, sem negar nada. Não tem erros. Está tudo bem! Cada passo uma nova descoberta.

O objetivo desse exercício é fazer com que você note a sua própria presença. Note e tome consciência que você tem órgãos internos que interagem com você, mas que talvez você tenha esquecido. O coração, por exemplo, às vezes só lembramos dele quando temos algumas emoções afloradas, um susto, uma ansiedade... São só exemplos, mas o seu coração está aí com você o dia todo, batendo, te deixando vivo. A intenção desse exercício é levar consciência à partes do seu corpo que você não lembra. Cada parte do corpo tem diversas emoções gravadas. Quando você leva consciência pra elas, essas emoções afloram e podem responder muita coisa, até resolver questões.

> Se buscarmos a transcendência, haveremos de ter muitas visões, mas, certamente, acabaremos no próprio ponto de partida. Se optarmos pelo crescimento, haveremos de ter nossos momentos de transcendência, mas esses serão picos de experiências dentro de uma caminhada mais plana em busca de um eu mais rico e seguro.

O objetivo aqui é adquirirmos um compromisso consigo mesmo para mudar e crescer sempre.

COMO COMEÇO A MEDITAR?

O QUE É MEDITAÇÃO?

Venho responder aqui com uma parte do texto do Swami Satyananda Saraswati do qual tenho livros e gosto muito:

Meditação é algo que a maioria das pessoas já ouviu falar, poucas têm uma ideia realista do que seja e menos pessoas ainda a experimentaram de verdade. Semelhante a outras experiências subjetivas, a meditação não pode ser expressa em palavras. O leitor deve encontrá-la por si mesmo para saber o que a meditação é.

A experiência é real e embora uma descrição seja uma não-experiência, particularmente no caso da meditação, farei o melhor possível para lançar alguma luz sobre o assunto.

Vamos começar definindo o modo como a psicologia moderna define o que compõe a mente. O subconsciente ou mente inconsciente pode ser basicamente dividido em três partes: a mente inferior, a mente média e a mente elevada. A mente inferior é responsável pela ativação e coordenação das várias atividades do corpo como a respiração, a circulação e órgãos abdominais. Também é a área da mente onde as atividades instintivas nascem e é nesta parte da mente que complexos, fobias, medos e obsessões se manifestam.

A mente média é a parte da mente que se ocupa com as informações que usamos durante o estado desperto, analisando, comparando e chegando a conclusões sobre as informações que recebemos. Quando requisitado, o resultado da atividade da mente média se manifesta em nossa atenção consciente. É essa parte da mente que nos dá respostas quando nos deparamos com problemas para os quais não temos uma solução no momento e somente mais tarde percebemos que uma resposta aflora na atividade consciente. Foi a mente subconsciente média que solucionou o problema sem que o percebêssemos, sendo esse domínio do pensamento racional ou intelectual.

A mente elevada é a área da atividade superconsciente, sendo a fonte da intuição, inspiração, brilho e experiências transcendentais. É dessa região que os gênios tiram seus vislumbres de criatividade e é a fonte do conhecimento profundo.

No período em que estamos despertos temos consciência somente de alguns fenômenos. Somos conscientes somente de uma pequena parte das atividades da mente, normalmente na região da mente média, e é essa consciência que torna possível a você, leitor, ler estas palavras e entender o seu significado.

Outra parte da mente é o inconsciente coletivo, que Carl Jung tanto trabalhou para conseguir a aceitação científica. É nessa parte da mente que temos os registros de nosso passado evolucionário. Nela estão contidos os registros das atividades de nossos ancestrais e os arquétipos. O inconsciente coletivo também nos conecta com todos os demais seres humanos, pois é a planta baixa de nosso passado em comum.

Por trás dessas diferentes partes da mente está o EU ou o núcleo central da existência. É o EU que ilumina tudo o que fazemos, embora não estejamos cientes disto. A maioria de nós assume que o centro de nosso ser é o ego, embora o ego seja apenas mais uma função da mente. É o EU que ilumina o ego.

O que acontece quando meditamos?

Quando meditamos estamos aptos a levar nossa consciência para partes diferentes da mente. Normalmente, como explicado anteriormente, nossa consciência está confinada a atividades superficiais em pequenas áreas da mente média ou subconsciente racional. Durante a meditação, somos capazes de nos distanciarmos da intelectualização.

Uma experiência comum para a maioria dos iniciantes em meditação é a de presenciar aparições grotescas ou tornar-se consciente de complexos profundamente enraizados, cuja existência desconheciam. Percebem que possuem medos que não sabiam que existiam. O motivo para isso é que a consciência está funcionando na região da mente inferior e está iluminando complexos, medos, etc, antes não percebidos.

Anteriormente, a pessoa somente percebia a manifestação destes medos na forma de raiva, ódio, depressão etc. Uma vez que esses complexos profundos sejam confrontados, eles podem ser removidos e grande felicidade pode ser adicionada na vida da pessoa. Muitas pessoas também se tornam conscientes dos processos internos de seu corpo durante a meditação, porque a consciência lançou luz sobre as atividades que controlam as funções corporais.

Estágios elevados de meditação são difíceis de alcançar se não removermos a maior parte dos medos compulsivos que estão na mente inferior porque estes complexos são tão compulsivos que parecem atrair automaticamente a atenção para si e, mesmo existindo outros locais para onde a consciência possa se deslocar, ela é atraída para as atividades da mente inferior, assim como o ferro o é por um imã, parecendo extrair um deleite perverso ao permanecer sobre nossos medos, fobias e ansiedades.

Em estados elevados de meditação a consciência se move para a mente elevada ou região da superconsciência. A consciência se eleva acima do pensamento racional e vemos atividades que parecem estar próximas da realidade, entrando nas dimensões da inspiração e iluminação, explorando verdades profundas, adentrando em novas esferas da existência que até então pareciam ser impossíveis ou pareciam ser apenas construções da imaginação.

O auge da meditação é a autorrealização, que acontece quando até mesmo a mente elevada é transcendida. A consciência deixa a exploração da mente e se identifica com o núcleo central da própria existência, o eu. Neste ponto a consciência se torna pura. Quando uma pessoa alcança a autorrealização significa que ela fez contato com o seu ser central e agora identifica sua existência do ponto de vista do ser e não do ego.

As ações do centro de seu ser, corpo e mente operam quase como entidades separadas. A mente e o corpo deixam de ser o eu real, sendo apenas manifestações do eu, sua verdadeira identidade. A meta da meditação é explorar as diferentes regiões da mente para, eventualmente, transcender a mente completamente." (Swami Satyananda Saraswati – Asana Pranayama Mudra Bandha).

Na minha experiência, fui percebendo ao longo do tempo que realmente meditação não é ficar sem pensar em nada, mas aprender sobre mim e no que realmente devo focar. Se sou capaz de me concentrar no presente, se sou capaz de perceber em mim o meu eu, o EU EM MIM, e como esse EU é, como ele reage e poder jogar luz nisso. Acolher e resolver as questões. Resolver, como diz Carl Jung, as sombras.

Agora sim, você se permite abrir-se ao novo, meditar em si?

A meditação é indicada para qualquer pessoa de variadas idades, atuando como liberadora do estresse, da ansiedade, melhorando a concentração e o foco, diminuindo o pensamento acelerado entre outras doenças desse mundo moderno.

Existem dois tipos de meditação: a meditação ativa e a meditação passiva.

A meditação ativa acontece enquanto executamos as atividades diárias: andar, falar, nos alimentar e assim por diante. Ou seja, é estarmos envolvidos no momento presente, fazendo as atividades e meditando. Quando se faz algo presente, no agora, as atividades externas serão realizadas com mais eficiência e energia. Exemplos: ao tomar banho podemos estar conscientes da água que escorre o nosso corpo, sentimos a temperatura dela, podemos sentir alívio quando a água leva embora ralo abaixo as impurezas que estavam em nosso corpo. Se você ao tomar banho sente, percebe e está presente, isso é uma meditação ativa. Como uma dança, como cortar anéis de cebola perfeitamente, só se consegue estando concentrado na atividade, estando presente.

Outro exemplo de meditação ativa: a prática do yoga, os "asanas".

A meditação passiva é o objetivo, a meta, ao sentarmos em uma das posições de meditação e executarmos uma prática de meditação. O objetivo da meditação passiva é acalmar a mente, que nunca descansa e está sempre vagueando, e fazê-la se direcionar, de modo que experiências meditativas possam acontecer automaticamente. Como o exercício que fizemos anteriormente de acalmar, ele foi feito pra te trazer para o agora. Podemos fixar a mente em uma prática de meditação, um objeto, um som, a própria respiração, uma imagem e assim por diante, o que acalma a mente e a torna introvertida, isso faz com que você tenha sucesso na busca pelo conhecer sua personalidade e a mente inferior e poder remover conteúdos indesejáveis.

EXERCÍCIO 3

MEDITAÇÃO DA VIBRAÇÃO DO SOM OM

Nessa meditação o foco é você respirar. Inalar profunda e lentamente e exalar entoando o mantra OM, mentalmente. Vou explicar:

Sente confortavelmente, coluna ereta, mãos no joelho, olhos fechados, queixo mais próximo ao peito (observe para não ficar com a cabeça muito baixa e nem muito alta, pois é incômodo). Você faz três respirações profundas, e na quarta você vai inalar profundamente e na exalação (lenta e profunda) você entoa mentalmente o som "oooouuunnnnn", do mantra OM. Aconselho começar com um minuto apenas. Aos poucos você vai aumentando o tempo até se tornar uma prática mais efetiva. Você deve repetir por, no mínimo, 3 minutos.

O que esse mantra OM faz? Ele faz com que você se conecte ao som do universo, ele faz com que você se concentre somente no som e na respiração, trazendo sempre a atenção plena para o aqui e agora. Tente, vai ser legal!

EXERCÍCIO 4

EXERCÍCIO DE ATERRAMENTO:

Um dos passos importantes é você começar a aterrar sua energia para harmonizar seu corpo e mente, levando energia do centro da Terra para todos os seus chakras (centro energéticos do seu corpo) limpando e harmonizando cada um deles. Se você se sentir mais centrado dentro de si mesmo e num estado de espírito sereno, será mais fácil detectar qualquer alteração nas suas emoções. Esse exercício é muito bom para quando estamos ansiosos e nervosos. É o começo de uma concentração para entrarmos em estado Teta da mente. (Ondas Theta ocorrem naturalmente durante o sono, também estão relacionadas á criatividade, à intuição aos estados de transe). À partir desse exercício de aterramento você pode ser capaz de entrar em contato com seus pensamentos e começar a distinguir quais pensamentos são possibilitadores ou limitantes e escolher quais ficam e quais saem:

1 SENTE-SE CONFORTAVELMENTE EM UMA CADEIRA, COM SEUS PÉS BEM FIRMES NO CHÃO E PONHA SUAS MÃOS, COM A PALMA PARA CIMA;

2 CENTRE-SE EM SEU CORAÇÃO E VISUALIZE UMA BOLA DE LUZ BEM BRILHANTE DESCENDO PELO SEU CORPO INDO ATÉ SEUS PÉS INDO ABAIXO PARA DENTRO DO CENTRO DA TERRA, ENRAIZANDO NO SOLO, CAMADA POR CAMADA DA TERRA, FORMANDO RAÍZES PROFUNDAS QUE TOCAM O NÚCLEO DO MAGMA, INSPIRE PROFUNDAMENTE E DEIXE QUE A ENERGIA DO CENTRO DA TERRA ENTRE POR SUAS RAÍZES, ENCHENDO-AS DE LUZ FORTE,

3 VISUALIZE-SE TRAZENDO A ENERGIA DA TERRA POR MEIO DE SEUS PÉS E PASSANDO POR SUAS PERNAS, ABRINDO E LIMPANDO CHAKRA POR CHAKRA DO SEU CORPO UM POR UM, PASSE A ENERGIA PELO CHAKRA BÁSICO NO COMEÇO DE SUA COLUNA PERTO DA SUA BACIA, VISUALIZANDO ELE SENDO LIMPO E ABERTO COMO UMA FLOR, VÁ SUBINDO E PASSE PELO SEU CHAKRA SEXUAL QUE FICA ABAIXO DO SEU VENTRE, LIMPANDO E ABRINDO COMO UMA FLOR, SUBA MAIS PARA O CHAKRA DO SEU PLEXO SOLAR EMBAIXO DO SEU UMBIGO VISUALIZANDO ELE LIMPANDO E ABRINDO COMO UMA FLOR, E VÁ SUBINDO E ENTRANDO PELO CHAKRA DO CORAÇÃO LIMPANDO E ABRINDO, SUBA MAIS PASSANDO PELO CHAKRA DA GARGANTA LIMPANDO E ABRINDO, SUBA AO TERCEIRO OLHO ENTRE AS SOBRANCELHAS, LIMPANDO E ABRINDO E SUBA ATÉ O TOPO DA SUA CABEÇA COM A ENERGIA FORTE LIMPANDO E ABRINDO LEVANDO TODA A SUA CONSCIÊNCIA ATE O TOPO DA SUA CABEÇA E EXPANDINDO ESSA LUZ PARA TODO SEU CORPO, HARMONIZANDO E LIMPANDO ENERGETICAMENTE SEU CORPO E MENTE. RESPIRE PROFUNDAMENTE E QUANDO ESTIVER SERENO ABRA SEUS OLHOS SUAVEMENTE E SE MANTENHA NESSE ESTADO DE HARMONIA.

Sahasrara Chakra Coronário		Glândula Pineal ou Epífese Consciência do Espírito
Ajna Chakra Frontal		Glândula Hipófise Intelecto (Raciocínio), Sentidos, Visão
Vishuddha Chakra Laríngeo		Glândula Tiróide Comunicação, Auto expressão
Anahata Chakra Cardíaco		Glândula Timo Sentimentos, Empatia
Manipura Chakra Umbilical		Glândula Pâncreas Emoções inferiores, Auto estima
Swadhisthana Chakra Sexual		Glândulas de Reprodução Troca sexual, Alegria, Criatividade
Muladhara Chakra Básico		Glândulas Supra renais Absorção de energia telúrica, Material

RAMONA LUZ YOGA - MESTRE REIKI

Ho´oponopono
O passo seguinte: Perdoar!

Mas o que é o perdão e o que ele pode fazer por nós?

O perdão não é um ato. É um processo mental ou espiritual que tem por objetivo cessar o ressentimento tóxico (dentre eles, o principal é a raiva) contra outra pessoa ou contra si mesmo, decorrente de uma ofensa percebida, por diferenças, erros ou fracassos. Trata-se de uma habilidade que precisa de treino.

O professor e P.h.D em Business Administration e mestre em Coaching pela Florida Christian University (FCU), Paulo Vieira, traz visões interessantes sobre o perdão. Perdoando, você assume a responsabilidade por como você se sente. Você recupera a sua força e reassume o pleno controle sobre seu destino. Perdão é para você e não para o autor da afronta, pois perdoar é remédio para a sua cura e não para a cura ou impunidade da pessoa que lhe fez sofrer. Perdoar é a paz que você aprende a sentir quando libera quem lhe fez mal.

Ao perdoar você se ajuda a ter mais controle sobre seus pensamentos, além de obter melhora em sua saúde física e mental. Perdão é também se tornar um herói feliz e não uma vítima sofredora. Perdão é uma escolha, uma decisão, uma restituição. Perdoando você rompe as correntes do sofrimento e passa a dar passos livres em sua vida...

Sair do ciclo vicioso, da roda do Samsara.

O método que mais usei e me fez entender sobre perdão e perdoar foi o Ho'oponopono, você conhece? Se não, vai conhecer agora e se gostar jamais vai deixar de usar.

Ho'oponopono

Em havaiano, ho'o significa "causa", e ponopono quer dizer "perfeição", portanto ho'oponopono significa "corrigir um erro" ou "tornar certo".

Você pode por meio desse sistema se livrar das recordações que tocam repetidamente na sua mente (aquela conversa mental interna incessante – principalmente depois de situações estressantes e desagradáveis) e encontrar a paz.

Sem os pensamentos se repetindo, sem crenças limitadoras, sem condicionamentos, sem as lembranças dolorosas, um espaço vazio se abre dentro de você. O ho'oponopono lhe permite soltar estas recordações dolorosas, que são a causa de tudo que é tipo de desequilíbrios e doenças. À medida que a memória é limpa, pensamentos de origem divina e inspiração ocupam o vazio dentro de você.

Lembrem-se, um problema é uma memória repetindo uma experiência do passado. O ho'oponopono é um apelo a divindade para cancelar as memórias que estão se repetindo como problemas.

Com o ho'oponopono estamos assumindo a responsabilidade pelas memórias que compartilhamos com as outras pessoas. Ser

100% responsável é um caminho de pedras, por ser o intelecto tão insistente. Quando nos ocorre um problema o intelecto sempre busca alguém ou alguma coisa para culpar. Insistimos em procurar fora de nós a origem dos nossos problemas.

A kahuna[1] Morrnah Simeona, ensinava que; "estamos aqui somente para trazer paz para nossa própria vida, e se trazemos a paz para nossa vida tudo em nossa volta descobre seu próprio lugar, seu ritmo e paz.". Essa é a essência do processo ho'oponopono.

OS PRINCÍPIOS DO HO'OPONOPONO CONFORME A MORRNAH SIMEONA

1 — O UNIVERSO FÍSICO É UMA REALIZAÇÃO DOS SEUS PENSAMENTOS.

2 — SE SEUS PENSAMENTOS SÃO CANCEROSOS, ELES CRIAM UMA REALIDADE FÍSICA CANCEROSA.

3 — SE SEUS PENSAMENTOS SÃO PERFEITOS, ELES CRIAM UMA REALIDADE FÍSICA TRANSBORDANDO AMOR.

4 — VOCÊ É 100% RESPONSÁVEL POR CRIAR SEU UNIVERSO FÍSICO COMO ELE É.

5 — VOCÊ É 100% RESPONSÁVEL POR CORRIGIR OS PENSAMENTOS CANCEROSOS QUE CRIAM UMA REALIDADE DOENTE.

6 — NÃO EXISTE LÁ FORA. TUDO EXISTE COMO PENSAMENTOS EM SUA MENTE.

---

1 "Kahuna" em havaiano significa "guardião do segredo".

> *É uma questão de ir além dos meios tradicionais de acesso ao conhecimento sobre nós mesmos.*
>
> *Nós somos a soma total de nossas experiências, o que quer dizer que estamos sobrecarregados por nossos passados. Quando nós experimentamos o estresse ou medo em nossas vidas, se quisermos olhar com cuidado, veremos que a causa é, na verdade, uma memória. É as emoções que são ligadas a estas memórias que nos afetam agora. O subconsciente associa uma ação ou pessoa no presente com algo que aconteceu no passado. Quando isto ocorre, emoções são ativadas e estresse é produzido.*
>
> *Morrnah Simeona Nalamaku*

O processo de ho'oponopono envolve quatro frases que podem ser utilizadas em qualquer ordem:

> Sinto muito
> por favor me perdoe
> obrigado
> eu te amo

Ao dizer essas palavras repetidas, A pessoa se conecta com seu/sua própria luz interior com a luz da fonte. Sua criança interior, seu sol. E ao longo do tempo, padrões no subconsciente vão se dissolver, e irão limpando e perdoando as partes dentro desse ser, parando de repetir esses padrões no mundo exterior. A pessoa recupera o equilíbrio e harmonia.

> *Limpar, apagar, apague e encontre seu próprio paraíso. Onde? Dentro de si mesmo. O processo é essencialmente sobre a liberdade, completa liberdade do passado.*
>
> *Morrnah*

Morrnah Simeona Nalamaku, um kahuna havaiano nativo e curador talentoso, desenvolveu um novo sistema de cura baseado na antiga tradição espiritual, ho'oponopono. Uma Educadora infatigável, Simeona foi homenageada como um tesouro vivo do Havaí. Morrnah foi nomeado um tesouro vivo do Havaí em 1983 Em agosto, 1980 na idade de 67, Morrnah introduziu este processo de cicatrização ho'oponopono na convenção huna mundial em Ponolu'u, Hawai. Ela passou a década seguinte ensinando ho'oponopono nos Estados Unidos, Ásia e Europa. Ela também ensinou o curso de auto i-dentity ho'oponopono da universidade de Hawaii, universidade Johns Hopkins, e várias instalações médicas. Morrnah Simeona Nalamaku, passou a vida ajudando os outros para restaurar a luz interior e alcançar a paz com eles mesmos, suas famílias, e suas comunidades. Diz-se que uma simples, mulher de coração puro, Morrnah era alegre e amável, com um cuidado compassivo e respeito pela vida. Embora ela falasse inglês perfeitamente, ela falava pouco e falou muito mediante de sua presença de cura. Ela, tanto quanto o seu sistema de ho'oponopono, é o seu dom extraordinário para o mundo. Minha paz "i" dar a você, minha paz "i" deixo-vos, relaxado akuwau minha paz estendendo, waihoakuwau minha paz com você, Não paz do mundo, mas, apenas a minha paz, A paz de "I". Não paz, mas, minha paz, A paz de "I". Morrnah simeona nalamaku[2].

ORAÇÃO ORIGINAL AO DIVINO CRIADOR

Aqui está a oração original da Morrnah Simeona, simples e poderosa:

Divino Criador, pai, mãe, filho em um... Se eu (seu nome), minha família, meus parentes e ancestrais lhe ofendemos (o nome da pessoa), à sua família, parentes e ancestrais em pensamentos, palavras, atos e ações do início da nossa criação até o presente, nós pedimos seu perdão... Deixe isto limpar, purificar, liberar, cortar todas as recordações, bloqueios, energias e vibrações negativas e transmute estas energias indesejáveis em pura luz... E assim está feito.

---

[2] Fonte: mulheres incríveis da história.

Faça esta oração para qualquer sentimento em relação a problemas com pessoas; ao se fazer o apelo ao divino criador estamos nos dirigindo à divindade que existe dentro de todas as pessoas, que é a extensão do divino criador. Só é necessário isso. A prática constante da sua presença no agora é ho'oponopono, e firma uma atitude que facilita lidar com as surpresas no dia a dia.

O que é Yoga

O yoga sutra, texto clássico sobre yoga, inicia com a seguinte definição sobre yoga (KUPFER, 2016):

Yoga é a suspensão dos processos mentais (Yoga chitta-vrittti nirodhah).

A mente oscilante é o grande obstáculo à percepção do eu real. Segundo o Vedanta (estudo dos Vedas) esse eu é a base de tudo o que existe e sem esse eu, que é consciência, a mente não seria possível. Mas a mente não é real e encobre o eu. Por essa razão o yoga tem por objetivo interromper esse fluxo de pensamento e a identificação com a mente, percebendo assim a base da mente que é a consciência e alcançar o Samadhi (união, ênstase, superconsciência).

O yoga citado nos Vedas (Os Vedas são escrituras sagradas associadas à religião hindu) é integral, sem divisões. Usar somente o termo "yoga" deveria indicar que se está abordando o yoga na sua totalidade. Mas hoje, erroneamente, se usa o termo e se fala somente do primeiro degrau do yoga, que é o yoga corporal. Isso acontece porque essa é a porta de entrada da filosofia. Infelizmente muitas linhas de yoga ignoram os próximos passos a serem trilhados pelos verdadeiros yogis.

Aqui explico o porquê meditação é yoga, respiração é yoga, relaxar é yoga e que o real significado é união, pois une todo o ser ao seu eu interior.

Aqui as descrições sobre as 8 partes do Ashtanga yoga de Patanjali:

Ashtanga yoga é o sistema organizado pelo sábio Patañjali no yoga sutra. Esse sistema tem oito (ashta) partes (angas): yama, niyama, asana, pranayama, pratyahara, dharana, dhyana e samadhi.

As duas primeiras partes, yama e niyama, são, respectivamente, as proscrições (não ferir, não mentir, não roubar, não desvirtuar a sexualidade e não cobiçar nem se apegar), e prescrições éticas (pureza, contentamento, austeridade, autoestudo e autoentrega ao senhor).

Asana, o terceiro estágio, são as posturas físicas e o trabalho sobre o corpo. A posição correta permite a prática de pranayama e pratyahara, os próximos passos.

Pranayama é o processo de expansão da energia vital, usando a respiração. Essas técnicas fortalecem o sistema nervoso, regulam o metabolismo e nos ajudam a manter sob controle as emoções, atitudes e pensamentos.

Pratyahara, a retração dos sentidos, é a faculdade de liberar a atividade sensorial do domínio das imagens exteriores. Serve para desvincular-nos da invasão das coisas do mundo exterior. Sem ele, é impossível alcançar a meditação.

Asana, pranayama e pratyahara não são fins em si mesmos. Objetivam unicamente dar ao praticante uma infraestrutura física e mental firme para que possa suportar as transformações decorrentes do despertar da energia potencial, a kundalini. Por meio dessas técnicas preliminares, úteis também para superar os obstáculos iniciais (dúvida, preguiça, angústia, dispersão etc.), o yogi se prepara para o objetivo final, que começa com a concentração.

Dharana, a concentração em um ponto só, se faz para limitar a atividade da consciência ao interior de um objeto. Essa unidirecionalidade da consciência não pode conseguir-se sem prática regular. Paradoxalmente, na prática de concentração não devemos forçar as coisas nem entrar em conflito com a nossa mente. Uma concentração forçada não é real, pois só provocará mais tensão.

Dhyana, a meditação, consiste em parar o fluxo do pensamento. A meditação é o resultado espontâneo da concentração da consciência, e constitui a preparação necessária para se atingir o objetivo do yoga, o estado de iluminação. A meditação não pode ensinar-se. A rigor, instruções sobre como meditar terminam na concentração. Depois, o praticante deve continuar sozinho.

Samadhi é o estado de iluminação, em que o yogi se absorve no purusha, a consciência universal. No samadhi, ele se defronta face a face com experiências totalmente inacessíveis mediante do instinto ou da razão.

Assim como a aula de meditação ativa, o yoga é ativo e passivo.

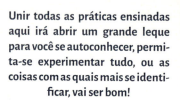

> Unir todas as práticas ensinadas aqui irá abrir um grande leque para você se autoconhecer, permita-se experimentar tudo, ou as coisas com as quais mais se identificar, vai ser bom!
>
> Pode aparecer desmotivação, pois quando começamos a mexer com nosso eu profundo, com a nossa criança interior, as coisas tentem da sair um pouco do nosso "controle" o que é natural, mas depois tudo se encaixa, tenha fé, acredite e comece sua jornada para o Eu dentro de Você.

O yoga e a meditação são aceitos pela Organização Mundial de Saúde (OMS) e está sendo oferecido pelo Sistema Único de Saúde (SUS) Como Terapias Alternativas e Complementares, até pelos fatos já mencionados aqui no livro e também porque com base em pesquisas no setor de saúde de empresas e em hospitais foi observado a melhora significativa de pacientes tratados com essas Terapias.

SEU CAMINHO

O yoga pode te trazer muitos benefícios, concentração, diminuição da ansiedade, do estresse, da tristeza. Elaborei uma sequência de aulas que pode ser inserida facilmente no seu dia a dia, junto das outras práticas já mencionadas aqui. Use como desejar. Estou sugerindo conforme foram as minhas experiências, mas sei que a sua pode ser ainda melhor!

UMA PRÁTICA PARA SEU EU

A prática que te trago agora é o Surya Namaskar, que quer dizer "saudação ao sol". É uma prática simples, mas que vai mexer com todo seu corpo e mente.

BENEFÍCIOS DA SAUDAÇÃO AO SOL (SURYA NAMASKAR)

Saudação ao Sol é como um ritual, como uma oração que fazemos com o corpo para honrar ao Sol. Não só o Sol físico, que gera tanta vida no nosso planeta mas também despertar o nosso Sol interno, nossa Luz. Esse ritual é composto de uma sequência de posturas que se conectam uma a outra a partir do ritmo da respiração e isso nos proporciona uma qualidade de atenção plena de movimento a movimento. A saudação ao Sol é uma série dinâmica em que nos movemos de uma postura para a outra no intervalo de apenas uma respiração, porém essa respiração precisa ser lenta, profunda e sem esforço.

Sempre que os movimentos forem para cima começamos com uma inalação profunda, e para baixo uma exalação lenta até que saia todo o ar. É o que faz a gente se estabilizar na postura e sentir todos os efeitos.

A sequência se dá dessa forma:

Iniciamos conectando respiração e movimento, trazendo consciência para a prática, corpo e respiração. Começando assim a aquecer os músculos, fortalecendo e liberando as tensões do corpo, aumentando a circulação sanguínea.

Pode aumentar o trabalho cardiovascular o que beneficia o coração.

Vá acalmando sua mente e focando em você e na sua respiração. Reduzindo os pensamentos e agitação, vá sentindo seu corpo energizado, purificado.

Fique no momento presente e respire!

Surya Namaskar (Saudação ao Sol)

Faz o movimento numa Inalação completa

SAMASTITIHI

ARDHA CHAKRĀSANA

Exala

Inala

PADAHASTĀSANA

Exala

AŚVA SANCHALANASANA

ASTANGA NAMASKARA

Existem muitas variações da Saudação ao Sol, é importante estar atento e buscar fontes confiáveis de estudo. Vá adaptando as posturas ao seu corpo. Não ultrapasse os limites mentais ou corporais. Lembre-se sempre de cuidar do que é mais importante: Seu Eu em você!

A sua jornada começa e você pode utilizar as Práticas Integrativas

    Algumas práticas Integrativas e Complementares podem ser adicionadas ao seu dia a dia, faço uso no meu trabalho e tem auxiliado muitas pessoas. Nos nossos encontros de Práticas Integrativas que chamamos de Dia Zen de práticas Integrativas, um evento acontece todos os anos na cidade de Mossoró RN, no principal shopping da cidade, conseguimos levar ao maior número de pessoas as práticas, fazendo com que elas experimentem e conheçam mais sobre essas terapias que auxiliam na melhoraria e na saúde mental, física e muitas vezes espiritual.

    Com ênfase na Assistência Primária à Saúde, voltada para o cuidado continuado de forma integral e interdisciplinar, com o uso de técnicas simples, de baixo custo, artesanais, sustentáveis e comprovadamente eficazes e com o objetivo também de desenvolver ações planejadas com as demais áreas e redes assistenciais da Secretaria de Saúde Pública junto a outras secretarias municipais e com setores sociais interessados na promoção desse bem, o projeto "Dia Zen" de práticas integrativas Surgiu em 2017 na cidade de Mossoró e já consta com 3 edições. Sendo formado por profissionais especializados que se uniram em prol de difundir e ofertar seus conhecimentos à população, nas áreas de yoga, meditação, acupuntura, terapia floral, terapia Reiki, massagem, músicoterapias e *tai chi*, contando também com oficinas de velas aromáticas e oficinas de mandalas terapêuticas.

Dessa forma, a metodologia utilizada foi apresentar e difundir as práticas como formas de terapias preventivas e curativas reconhecidas pela OMS, em forma de eventos isolados e gratuitos de reunião de grupos de pessoas de diversas idades. Desse modo, os encontros realizados com o Dia Zen de práticas Integrativas atuaram e atuam de forma transdisciplinar e com um olhar holístico para promoção de saúde e educação. Nesse sentido os encontros e oficinas foram elaborados a partir de duas linhas de atuação das Práticas integrativas e complementares em saúde que corroboram no processo educacional do individuo como um todo, entre elas: as Práticas Corporais.

As práticas transdisciplinares que metodologicamente utilizam da multirreferencialidade de saberes científicos sobre o corpo para produzir movimentos, de forma ativa ou passiva, com objetivo de harmonizar processos energéticos na estrutura corporal e transcorporal do ser humano, agregando valores éticos, estéticos e espirituais e as Vivências Lúdicas Integrativas nas quais propiciam diferentes modos de sentir o fluir das emoções de alegria em contextos socioculturais específicos do adoecimento humano buscando corporalizar o princípio de integralidade da vida (BRASIL, 2011).

Mediante os estímulos recebidos, os participantes e terapeutas são capazes de representarem a partir da corporeidade, no que concerne a dimensão pedagógica, os déficits de atenção, dificuldades no desenvolvimento da motricidade e da concentração no que diz respeito a dimensão psicológica, problemas como depressão, ansiedade e insegurança. Nesse ínterim, se evidencia a contribuição das Práticas Integrativas e Complementares em Saúde, como ferramentas facilitadoras contribuindo para uma educação inclusiva buscando inicialmente restabelecer a harmonia interior do indivíduo e favorecer as relações sociais.

As práticas integrativas e complementares utilizadas por mim e em nossos eventos fora as seguintes:

- **Arteterapia** (com mandalas e velas aromáticas): uma atividade milenar, a arteterapia é prática expressiva, artística e visual que atua como elemento terapêutico na análise do consciente e do inconsciente e busca interligar os universos interno e externo do indivíduo, por meio da sua simbologia, favorecendo a saúde física e mental. Arte livre conectada a um processo terapêutico, transformando-se numa técnica especial, não meramente artística, que pode ser explorada com fim em si mesma (foco no processo criativo, no fazer) ou na análise/investigação de sua simbologia (arte como recurso terapêutico). Utiliza instrumentos como pintura, colagem, modelagem, poesia, dança, fotografia, tecelagem, expressão corporal, teatro, sons, músicas ou criação de personagens, usando a arte como uma forma de comunicação entre profissional e paciente, em processo terapêutico individual ou de grupo, numa produção artística a favor da saúde.

- **Medicina Tradicional Chinesa – Acupuntura**: a medicina tradicional chinesa (MTC) é uma abordagem terapêutica milenar, que tem a teoria do yin-yang e a teoria dos cinco elementos como bases fundamentais para avaliar o estado energético e orgânico do indivíduo, na inter-relação harmônica entre as partes, visando tratar quaisquer desequilíbrios em sua integralidade. A MTC utiliza como procedimentos diagnósticos, na anamnese integrativa. A acupuntura é uma tecnologia de intervenção em saúde que faz parte dos recursos terapêuticos da medicina tradicional chinesa (MTC) e estimula pontos espalhados por todo o corpo, ao longo dos meridianos, por meio da inserção de finas agulhas filiformes metálicas, visando à promoção, manutenção e recuperação da saúde, bem como a prevenção de agravos e doenças.

- **Auriculoterapia**: é uma técnica terapêutica que promove a regulação psíquico-orgânica do indivíduo por meio de estímulos nos pontos energéticos localizados na orelha.

- **Musicoterapia**: prática expressiva integrativa conduzida em grupo ou de forma individualizada, que utiliza a música e/ou seus elementos – som, ritmo, melodia e harmonia – num processo facilitador e promotor da comunicação, da relação, da aprendizagem, da mobilização, da expressão, da organização, entre outros objetivos terapêuticos relevantes, no sentido de atender necessidades físicas, emocionais, mentais, espirituais, sociais e cognitivas do indivíduo ou do grupo.

- **Terapia de florais**: prática terapêutica que utiliza essências derivadas de flores para atuar nos estados mentais e emocionais. A terapia de florais de Bach foi criada pelo inglês Dr. Edward Bach (1886-1936).

- **Aromaterapia**: aqui no Studio utilizamos muito em sessões de Reiki e de outras terapias, inclusive no yoga, nos ambientes. É bem restaurador. A prática terapêutica secular que utiliza as propriedades dos óleos essenciais, concentrados voláteis extraídos de vegetais, para recuperar o equilíbrio e a harmonia do organismo visando à promoção da saúde física e mental, ao bem-estar e à higiene. Com amplo uso individual e/ou coletivo, pode ser associada a outras práticas – como terapia de florais, cromoterapia, entre outras – e considerada uma possibilidade de intervenção que potencializa os resultados do tratamento adotado. Prática multiprofissional tem sido adotada por diversos profissionais de saúde como enfermeiros, psicólogos, fisioterapeutas, médicos, veterinários, terapeutas holísticos, naturistas, dentre outros, e empregada nos diferentes setores da área para auxiliar de modo complementar a estabelecer o reequilíbrio físico e/ou emocional do indivíduo.

REIKI

Aqui no estado onde vivo, no Rio Grande do Norte comecei a ministrar curso de Reiki, levando para mais pessoas esse conhecimento. A cada turma que se forma, cada pessoa que pratica e que recebe o Reiki a energia se renova, as transformações pessoais acontecem, as curas crescem. O Reiki é uma energias inteligente que vai até onde é necessário haver a cura, por imposição das mãos e por um mestre devidamente sintonizado com os símbolos a energia é canalizada e repassada para a pessoa que solicitou para melhoria de seu estado. Tenho aprendido muito com o Reiki, a ter compaixão comigo e com os outros, tenho aprendido que o que cura é uma energia de amor primordial, e eu sou apenas o canal. Temos um lindo grupo de Reiki que abrange todo o Brasil que se chama a Onda do Reiki, criado por três reikianos com o intuito de que mais pessoas sejam atendidas por essa prática, nesse caso é utilizado o método de envio de Reiki a distância, onde as pessoas aceitam e permitem colocando os nomes delas nas postagem feitas "na" maioria das vezes no Instagram, (o bom uso da internet favorece as práticas integrativas e complementares) e todos os dias da semana você pode receber cura, receber amor incondicional e o Reiki é pra isso. Sou grata por fazer parte dessa onda e assim também divulgar a prática do Reiki para todos.

YOGA

A prática corporal e mental de origem oriental utilizada como técnica para controlar corpo e mente associada à meditação. Apresenta técnicas específicas, como hatha-yoga, mantra-yoga, laya-yoga, que se referem a tradições especializadas, e trabalha os aspectos físico, mental, emocional, energético e espiritual do praticante com vistas à unificação do ser humano em si e por si mesmo. Entre os principais benefícios obtidos por meio da prática do yoga estão a redução do estresse, a regulação do sistema nervoso e respiratório, o equilíbrio do sono, o aumento da vitalidade psicofísica, o equilíbrio da produção hormonal, o fortalecimento do sistema imunológico, o aumento da capacidade de concentração e de criatividade e a promoção da reeducação mental com consequente melhoria dos quadros de humor, o que reverbera na qualidade de vida dos praticantes.

MEDITAÇÃO

Meditação (Aplicamos também a meditação do Thetahealing®): prática mental individual milenar, descrita por diferentes culturas tradicionais, que consiste em treinar a focalização da atenção de modo não analítico ou discriminativo, a diminuição do pensamento repetitivo e a reorientação cognitiva, promovendo alterações favoráveis no humor e melhora no desempenho cognitivo, além de proporcionar maior integração entre mente, corpo e mundo exterior. A meditação amplia a capacidade de observação, atenção, concentração e a regulação do corpo-mente-emoções; desenvolve habilidades para lidar com os pensamentos e observar os conteúdos que emergem à consciência; facilita o processo de autoconhecimento, autocuidado e autotransformação; e aprimora as interrelações – pessoal, social, ambiental – incorporando a promoção da saúde à sua eficiência.

Embora não esteja ainda inserido nas Práticas integrativas o **Thetahealing**® tem sua base em uma meditação que leva o individuo a entrar no estado Theta da mente e assim permite curar doenças, trocar crenças limitantes por crenças possibilitadoras. ThetaHealing é um reencontro com sua essência.

É uma técnica de cura energética que te ensina a identificar e liberar crenças e padrões que te impedem de ser feliz. Por meio desta ferramenta simples como a meditação, que qualquer pessoa pode acessar, você aprende a olhar para dentro, se reconectando profundamente com sua essência. Você aprende a curar-se, a perdoar, a se realizar, vivendo de uma forma abundante, saudável e plena.

São crescentes as evidências científicas de que nossas crenças e emoções negativas geram doenças físicas, mentais e emocionais e nos bloqueiam de realizar algo que nos faz pleno e feliz. Precisamos liberar ressentimentos e tristezas antigas, culpas e medos profundos e resgatar a nossa capacidade inata de expressão plena de nossa essência para poder viver a vida em seu potencial máximo!

Esse trabalho com o Thetahealing ainda estou desenvolvendo e me formando nas práticas, mas já venho utilizando bastante e tem tudo a ver com o seu e o meu encontro do EU EM MIM.

SEU EU EM VOCÊ

    Estou aqui sugerindo alguns métodos que deram certo pra mim, mas que ainda contempla muitos outros conteúdos que não cabem em um só livro. É apenas uma sugestão que pode te auxiliar a fazer seu próprio caminho. São um norte para que você encontre as ferramentas que mais te agradam para se trabalhar. Todas as técnicas aqui podem ser encontradas na internet, mas nenhum site vai fazer o trabalho por você. Só você pode ser responsável por querer mudar. Comigo valeu e está valendo muito a pena.

    Esse é só um recorte da minha jornada na busca do EU EM MIM. Na busca da minha cura, aconteceram e ainda irão acontecer muito aprendizados em minha vida, porque esse caminho é a verdadeira jornada. Descobrir o propósito de vida passa por se curar, se observar e de praticar tudo que se aprender.

    Gostaria de agradecer a você que chegou até aqui. Te parabenizar por dar esse primeiro passo até o seu EU EM VOCÊ.

    Quando encontrei o meu EU EM MIM, senti o chamado e o que era o meu propósito de vida. Não tomem tudo isso como uma única verdade. Neste universo as verdades são infinitas, pois cada pessoa é um mundo, vê e percebe a vida de formas diferentes. Entre si, se veem com o que tem dentro delas, com o que conhecem e vivem do mundo.

    Cada um vivendo seu processo! Não tente adiantar o processo de ninguém. Só ajudamos alguém com nossos exemplos. Quando o outro perceber nossa mudança, talvez acenda uma luz dentro dele e a busca dele começa.

    Sinto muito por compartilhar algumas memórias dolorosas com você, me perdoe por cruzar seu caminho assim tão de repente, sou grata por poder dividir essa existência contigo e te amo, por ser quem você é e assim ser quem eu sou.

    Namastê, Ramona Luz.

VOCÊ PODE ME ENCONTRAR NA INTERNET

Mande um e-mail:

monafernandesluz@gmail.com

YouTube:

https://www.youtube.com/channel/uc1vwethg8jubzpi7dftvygw?view_as=subscriber

Blog:

https://www.ramonaluz.com/

Instagram do Dia Zen:

https://www.instagram.com/diazenpraticas/

Meu Instagram:

https://www.instagram.com/ramona.luz

Facebook:

https://www.facebook.com/yogacomramonaluz/?ref=aymt_homepage_panel

REFERÊNCIAS

Sites:

http://www.editorarealize.com.br/revistas/congrepics/resumo.php?idtrabalho=39

http://pensopositivo.com.br/hooponopono-original

http://www.yoga.pro.brhttp://fernandacunhayoga.com/beneficios-da-saudacao-ao-sol-surya-namaskar/

www.ramonaluz.com.br

http://espacocaminhodaluz.com.br/

https://www.camilareitz.com.br/

Livros:

BRENNAN, Barbara. **Mãos de luz**: um guia para a cura através do campo de energia humana. Pensamento, 2016.

DESIKACHAR, T. K. V. **O Coração Do Yoga**. Matra, 2017.

HAY, Louise. **Você pode curar sua vida**. Best Seller Ltda., 2018.

VITALE, Joe; LEN, Ihaleakala Hew. **Limite zero**: o sistema havaiano secreto para prosperidade, saúde, paz. Rocco, 2017.

Fotos:

Fotos do Surya Namaskar/Fotos Asanas:

Por Gildo Bento: https://www.instagram.com/gildophotoarte/

Foto Orelha da capa por Luana Cavalcante:

Luana Cavalcante: https://linktr.ee/oserdeluana